AF265695

LIMOGES QUI S'EN VA

Le Quartier Viraclaud

Par Louis GUIBERT

RECUEIL DE QUATRE ARTICLES

PUBLIÉS

dans la *Gazette du Centre*

des

27, 28, 29 et 30 Janvier 1897

LIMOGES

IMPRIMERIE COMMERCIALE PERRETTE

1, Boulevard Montmailler, 1

—

1897

LIMOGES QUI S'EN VA

LE QUARTIER VIRACLAUD

Le quartier Viraclaud est-il vraiment à la veille de passer à l'état de souvenir ? Verrons-nous, dans un temps très prochain, comme on nous le promet, disparaître ses maisons irrégulières, boîteuses, pressées les unes contre les autres ; ou sommes-nous condamnés à conserver de longues années encore, au centre même de notre ville, ce hideux réceptacle de misères et de vices, cette moderne Cour des miracles, ce foyer de corruption morale et physique, dont M. le docteur Boulland a fait, dans un substantiel et excellent rapport, ressortir tous les inconvénients, tous les dangers, toutes les hontes ? Qui le sait ? On nous assure que la municipalité et la préfecture sont d'accord pour extirper l'immonde verrue qui s'est enracinée sur la joue de Limoges, et que toute l'administration marchera comme un seul homme à l'assaut du vieux quartier. Mais Viraclaud a la vie dure, et il l'a montré : voilà bien longtemps qu'on le menace et qu'on l'attaque; il ne semble pas qu'il s'en porte beaucoup plus mal. Rappelez vos souvenirs, chers lecteurs : la rue Centrale ne devait-elle pas ouvrir tout un côté du trop célèbre quartier à l'air et à la lumière ? Hélas ! la rue Centrale, dont le projet remonte à un demi siècle bientôt, n'a ouvert que le Verdurier ; elle n'a pas touché à Viraclaud. Plus tard on a osé parler de transformation, d'assainissement, de démolition. Ah bien,oui ! A-t-on vu tomber beaucoup de maisons dans tout ce dédale de ruelles ? Une seule a disparu depuis le jour où nous avons pour la première fois gravi cette rude pente des Combes qui longe le *ghetto* interdit aux gens propres, et c'est à l'incendie qu'on est redevable de cette légère amélioration. A peine, de mémoire d'homme, quelques constructions qui empiétaient par trop sur la voie publique ont-elles consenti à reculer de quelques pieds leur façade vermoulue pour laisser un peu de place à la circulation. Tel ce coin de la ville était au temps de nos grands-pères et des arrière-grands-pères de ceux-ci, tel à peu près il se présente aujourd'hui aux regards. Il se montre à nous dans toute son infamie naïve et sa vétusté. Et ces vieilles baraques tiennent bon. Metz la pucelle ne bravait pas ses ennemis avec plus de fierté... Il est certain que le siège de Viraclaud aura duré plus longtemps que le siège de Troie. Ces murailles encore solides auront vu passer à leurs pieds presqu'autant de municipalités successives que l'épique Ilion avait vu succomber de chefs Hellènes sous ses remparts. N'ont-elles pas été les témoins impassibles et triomphants des pompeuses obsèques de ce pauvre Adrien Tarrade, qui avait menacé d'y porter la dévastation et la ruine? Ainsi Troie assistait, dédaigneuse et hautaine, aux funérailles des guerriers tombés dans la plaine, sous les coups de ses défenseurs.

De tous les quartiers de Limoges, Viraclaud et l'antique Cité épiscopale, pavée encore comme au jour où le prince Noir y entrait par la brèche, sont sans conteste ceux qu'ont le moins entamés les travaux de voirie, modifiés les embellissements modernes. Mais la Cité a toujours eu honnête apparence et sa misère est empreinte de dignité. Viraclaud, lui, a toujours été pauvre, laid et sale : il est devenu ignoble, et c'est le seul changement qu'il ait subi. Exactement encadré par les boulevards qui ont remplacé les anciennes fortifications, par la rue Ste-Valérie, ouverte le long des dépendances de l'hôpital de St-Martial, qu'a remplacé l'hôtel de la Monnaie, (aujourd'hui caserne des sapeurs pompiers), et par l'immuable rue des Combes, depuis huit siècles et plus la principale artère du Château de Limoges dans cette direction, cette partie de la ville nous apparaît avec son aspect et ses dimensions de jadis, telle que l'ont vue Zinzerling, Golnitz et autres touristes de l'ancien temps, sans édifices

intéressants, sans rue de quelque impor-
tance, sans détail pittoresque, sans caractère, sans relief, mais gardant son réseau
de ruelles tortueuses et pouvant seule nous
donner une idée exacte de ce qu'étaient
au moyen-âge les quartiers de Limoges.

Viraclaud tout entier dépendait du canton des Combes, qui forma d'abord une
petite agglomération *extra muros* et fut
un des faubourgs de la ville si petite et
si resserrée du neuvième et du dixième
siècles. Les Combes, qui, de tout temps,
sont restées dans la dépendance du monastère de St-Martial et qui étaient placées
sous la juridiction des officiers de l'Abbaye, furent annexées au Château sous
l'administration de l'abbé Pierre Aubert,
entre 1040 et 1050, et comprises dans
l'enceinte des remparts lorsque fut construite la porte fortifiée de Montmailler.

La dénomination de Viraclaud ne paraît pas fort ancienne. Tout au moins
n'avons-nous pas trouvé une mention de
la rue ou du quartier, avec cette dénomination, avant le quatorzième siècle. A
cette époque, plusieurs documents du
fonds de St-Martial, du fonds de St-Martin
et de celui des prêtres communalistes de
St-Pierre et de St-Michel aux Archives de
la Hte-Vienne, désignent les terrains
qui s'étendent de ce côté au pied des murailles, sous le nom de territoire « des
vieilles clés », *de Vetèris Clavibus*. La
lième de la confrérie *des Chandelles* de
St-Pierre du Queyroix parlé, à la même
époque, de la cour du Consulat, « près de
Vieilhas Clau ». D'autres titres portent

la même dénomination. Au quinzième et au seizième siècles, une grande quantité de documents écrivent indifféremment : *Villaclauz, Vieilhas Claux, Vielas Claux*. En 1538, il est parlé, à une liève des prêtres communalistes de St-Michel, de « la place appelée Viraclaux », et ce nom alterne après cette date avec celui de Vieillas Claux et de Villaclaux dans les actes. A une pièce du fonds des *Juridictions diverses* aux Archives du département, il est encore parlé, en 1787, de la rue « des Vieilles clefs ». Mais la mention est de toute évidence due à un greffier archéologue.

On voit qu'il n'est pas facile de fixer l'étymologie du quartier dont nous nous occupons ici. « Villaclaux », de *villa clausa* (Nous ne connaissons aucun texte latin ancien fournissant cette forme), se rapporterait à l'annexion de cette partie du faubourg à l'enceinte ; « Vieillas claux » évoquerait le souvenir des anciens jardins qui s'y trouvaient. Quant aux « vieilles clés » auxquelles fait allusion la plus ancienne forme connue de ce nom, nous serions fort embarrassé pour hasarder ici une explication sérieuse. Nous avions cru, nous devons l'avouer, à une plaisanterie, quand M. Maurice Ardant avait jadis donné cette étymologie. Il faut bien reconnaître, néanmoins, que cette forme a existé et qu'elle est la première en date. Quoi qu'il en soit, cette partie de la ville s'est certainement bâtie assez tard : au nord de la rue des Combes, et au-delà des constructions formant les amorces des ruelles, des charreyrons qui allaient dans la direction du chemin de ronde, on a dû voir longtemps des cours, de petits jardins, des terrains servant de débarras, entourés de murs peu élevés, comme on en trouve encore dans la Cité. Viraclaud, à mesure qu'il s'est construit, a donné asile à une population peu aisée. La « grande rue des Combes », la *charrière*, attirait tout : l'animation, le commerce et l'argent. On y voyait des habitations vastes, des édifices confortables pour l'époque, et dont quelques débris donnent une idée assez avantageuse ; elles servaient de demeure à des magistrats, à des notaires, à des ecclésiastiques, à des hommes de loi, à des marchands, à des artisans aisés ; il s'y était établi des hôtelleries qui jouissaient d'un certain renom : telle cette grande auberge de la *Biche*, où le maréchal duc de Bouillon ne dédaignait pas de descendre et dont les hôtes figuraient parmi les notables de la ville, tout comme ceux de l'hôtellerie historique du *Cheval Blanc*. Mais une fois entré dans les ruelles qui convergeaient vers le palier où se trouve actuellement la place Ste-Rochette, on voyait la circulation s'arrêter et on ne trouvait plus que de modestes constructions habitées par des journaliers, des indigents. Il s'y rencontrait un certain nombre d'auberges, dont quelques-unes furent louées par l'administration pour servir au casernement des corps de cavalerie en cantonnement ou en garnison dans notre ville au dix-huitième siècle.

Ce qui prouve bien que le quartier

était pauvre, c'est qu'en 1531, en cette terrible année de misère et de disette où affluèrent à Limoges plus de deux mille mendiants accourus de la campagne et des villages des environs, ce fut dans des maisons « près Vieilles Claux et Saint Pierre », qu'au rapport des registres de l'Hôtel-de-ville on logea ces malheureux.

A quelle époque cette partie de la ville devint-elle le repaire attitré de la prostitution et en particulier des hôtelleries spéciales auxquelles la police accorde, avec son patronage, une sorte de monopole ? Nous ne saurions le dire. On connaît le curieux passage de notre premier registre consulaire relatif à l'établissement, en 1535, par les magistrats municipaux eux-mêmes, d'une maison de prostitution à Limoges. Dès 1513, une ruelle qui serpente entre la rue Banléger et les remparts — probablement un tronçon de l'ancien chemin de ronde —, porte un nom qu'elle tient sans doute de l'existence d'une maison de ce genre dans ces parages ; un siècle et demi plus tard, en 1658, cette ruelle existe encore avec sa malsonnante dénomination. L'agrandissement du couvent des Ursulines, fondé en 1621, à peu de distance de ce point, fit disparaître, dans la seconde moitié du dix-septième siècle, cette petite voie qui devait être à peu près abandonnée par la circulation. L'établissement dont nous parlions tout à l'heure n'existait plus depuis longtemps, et aucune confrontation, aucun document ancien ne nous a fait connaître l'emplacement sur lequel il fut transporté.

Quelques indications nous sont fournies par les anciens registres de l'Hôpital sur les progrès de la prostitution ; toutefois, nous savons très peu de chose sur ce sujet. Le *Refuge*, fondé par lettres patentes du Roi du mois de mars 1683, ne donnait pas seulement asile aux filles de mauvaise vie qui voulaient revenir au bien : on y enfermait aussi, par ordre du lieutenant général de police, investi à Limoges du même pouvoir discrétionnaire que le chef de la police à Paris, les femmes qui avaient donné lieu à quelque scandale retentissant. Nos archives de la Hte-Vienne possèdent quelques enquêtes sur des personnes de « mauvais commerce » qui durent aboutir à des internements dans cette maison, où on donna peut-être des soins à des maladies spéciales. Le Refuge était fort redouté. C'était la Bastille de Limoges et plus d'une fois ce fut sur la demande des propres parents des recluses que l'autorité ordonna l'envoi de celles-ci dans l'établissement. On trouve, dans le fonds de l'Intendance, à notre dépôt départemental, des requêtes adressées par de malheureuses mères de famille à l'intendant ou au lieutenant de police, pour obtenir la réclusion de leurs filles qui se livrent à la débauche.

Le silence complet de nos registres consulaires et des documents de nos archives de l'Hôtel-de-Ville sur la matière qui nous occupe, est assez surprenant. On serait tenté de croire que la prostitution réglementée, officiellement tolérée, disparut à Limoges à la fin du seizième siècle et ne fut rétablie qu'au commencement du dix-neuvième. Mais la morale n'y gagnait pas grand'chose : on possède un certain nombre de documents prouvant que les maisons clandestines de débauche ne manquaient pas. On en trouve dans le faubourg Montmailler, près de la porte Manigne, dans la rue Viraclaud, dans les rues Puy-Vieille-Monnaie et Saut-de-Bœuf. Un coupe-gorge de cette dernière rue, qui subsista assez longtemps au dernier siècle, différait peu de certains établissements du quartier qui va devenir le quartier de la Préfecture. En 1736. la rue du St-Esprit en possède un autre qui ne le cède en rien au précédent ; en 1787, il existe rue Soretas une véritable maison de prostitution clandestine.

Mais encore une fois, on ne voit pas que la sollicitude des magistrats municipaux de 1535 se soit maintenue avec le même caractère, et nous n'avons trouvé aucune trace, aux deux derniers siècles, de l'existence de maisons de débauche ayant une sorte d'attache officielle. Il semble que les établissements de ce genre aient été inconnus à Limoges du XVI° siècle jusqu'à la Révolution, peut-être même jusqu'à l'Empire. Quoiqu'il en soit, il résulte de renseignements positifs que les premiers créés à Limoges ont été installés non dans le quartier Viraclaud, mais dans les rues qui se trouvent du côté gauche de la rue des Combes, dans la rue Froment en particulier. En 1824 seulement, s'ouvrit, au n° 15 de la

rue Viraclaud, la première maison de tolérance qui ait existé dans ces parages. Il
s'en fonda d'autres bientôt après à proxi-
mité. En 1848, vingt-trois établissements
de ce genre avaient été autorisés et existaient dans le quartier, dont quinze dans la
rue Viraclaud, trois dans la rue Malmanche,
trois dans la rue Vaulry, deux sur la place
Beaupuy. Le nombre de ces maisons resta
stationnaire jusqu'en 1871. Entre 1871 et
1882 il diminua progressivement. A la
dernière de ces dates il était réduit à
quinze. L'administration a fait tout ce
qu'elle a pu, au cours de ces dernières
années, pour le diminuer encore. A l'heure
actuelle, il n'y a plus, dans le quartier
dont nous nous occupons ici, que sept
maisons de tolérance, dont quatre rue
Viraclaud, une rue Vigenaud, une rue
Malmanche, une autre place Beaupuy.

Nous demandons pardon au lecteur de
cette statistique ; ces chiffres ont leur
intérêt et il nous a semblé impossible de
passer la matière sous silence dans une
étude sur le quartier Viraclaud.

Le nom de Viraclaud n'était pas appli-
qué par nos pères à l'ensemble du quartier que nous désignons actuellement
sous cette dénomination. Toutes les voies
secondaires dans lesquelles nous nous
sommes habitués à voir les avenues ou les
dégagements de la rue montueuse qui va
de la rue Fitz-James à la place Sainte-Ro-
chette, étaient simplement pour nos pères
des affluents de la *charrière* des Combes
et se trouvaient comprises dans la cir-

conscription électorale et administrative à laquelle cette charrière donnait son nom.

Le régime de cette circonscription, on le sait, n'était pas en tous points semblable à celui des autres cantons, puisque l'abbaye conserva, jusqu'en 1789, la justice de ce quartier.

Dans certains actes, la désignation de *« en Vieilhas Claux »*, paraît se rapporter à la partie inférieure de ce qu'on appelait « les jardins de Ste-Valérie », dépendant de l'Hôpital de St-Martial fondé en souvenir de la jeune martyre par St-Martial et le duc Etienne, s'il faut en croire la très ancienne légende; toutefois, dans toutes les confrontations précises, le nom de Viraclaud désigne surtout la rue actuelle de ce nom, parfois une place située au bas de cette rue, à peu près sur les terrains de l'ancienne place Fitz-James transformés en jardins, — plus rarement le palier supérieur d'où rayonne l'éventail de ruelles allant du centre du quartier à la rue des Combes.

Aucune des rues de notre ville n'évoque aussi peu de souvenirs que la rue principale du quartier objet de cette étude. Elle peut avoir une chronique — à laquelle nous n'aurions garde de toucher — elle n'a pas d'histoire. Tout au moins celle-ci ne paraît-elle offrir aucun intérêt.

Il est souvent parlé, aux quinzième et seizième siècles, d'une rue du « Peyrou Sainte-Valérie ». Nous nous sommes souvent demandé si cette voie, dont une portion, au moins, longeait, com

me cela résulte de confrontations
assez nettes, les murs de l'hôpital
Saint-Martial, ne se confondait pas
avec la rue Viraclaud dans sa partie su-
périeure. Il ne faut pas oublier, en effet,
que le débouché de la rue Sainte-Valérie
sur le boulevard est tout moderne et
qu'autrefois, il n'y avait point là de porte
dans l'enceinte des remparts : tout au
plus, peut-être, une poterne pour le ser-
vice de l'abbaye.

La voie qui partait du « sol des Combes » et de la fontaine du Chevalet, s'in-
fléchissait sur la gauche et donnait nais-
sance à deux rameaux : Malemanche et
Viraclaud.

Il est très vraisemblable que le nom de
rue du Peyrou Sainte-Valérie a été la première dénomination de la rue Viraclaud
et que celle-ci a porté concurremment
l'un et l'autre noms. Il est certain, au
surplus, et des textes précis de nos lièves
en témoignent, que le nom de « rue
Sainte-Valérie » a été donné à la rampe
tout entière qui montait du jardin de
l'hôpital à la porte Montmailler.

La rue Beaupuy elle-même a été appelée quelquefois rue Ste-Valérie : un titre
des archives de l'Hôpital g^{al}, daté de 1490,
attribue catégoriquement ce nom à la
voie allant de la place de Vieilhas Claux
à la porte Montmailler, c'est-à-dire aux deux
rues Beaupuy et Viraclaud. Plusieurs mentions du terrier Baignolli, du fonds de
St-Martial, confirment cette indication.

La rue Ste-Valérie possédait une auberge très connue, le « Petit Louvre »,qui a existé plus de cent ans. Pourquoi cette dénomination, et en quoi ce taudis pouvait-il évoquer le souvenir du palais de nos rois ? Nous n'avons pas de réponse à cette question. Peut-être le *Petit Louvre* n'était-il ainsi nommé que par antiphrase. La maison de l'orfèvre Jean Bertrand et celle du peintre Grégoire Myette se trouvaient dans la rue Ste-Valérie, tout près, semble-t-il, du débouché de cette rue dans les Combes. On sait que la maison de Bertrand fut achetée par les Réformés, en 1561 ou 1562,pour y tenir leurs assemblées. Dans la cour de cet immeuble, le premier temple dont nos *Annales* aient conservé le souvenir, une chaire avait été dressée ; des bancs l'entouraient. Les ministres Duparc et Dubellay s'y firent entendre devant un auditoire où se trouvaient représentés les éléments les plus divers de la population ; plusieurs religieux augustins, qui s'étaient rendus à ces réunions, y déposèrent le froc. La maison de Myette fut dans la suite annexée à ce local.

Le *Peyrou sainte Valérie* était proprement la rampe qui partait du jardin de l'Hôpital et se dirigeait vers la porte Montmailler, en passant derrière la tour de Beaupuy ; mais le nom fut souvent donné au petit palier auquel aboutissent Malmanche et Viraclaud et qui a porté le nom de rue ou place Rochette ou de la Rochette. Il ne faut pas oublier qu'en ce point encore, le débouché sur le boulevard, qui existait déjà au siècle dernier, ne paraît pas avoir été pratiqué au moyen âge. Parallèlement à Viraclaud courait, entre cette rue et le rempart, le petit chemin de ronde dont l'existence est mentionnée aux *Coutumes* du Château de Limoges et sur lequel s'ouvraient les *échelles* ou escaliers du rempart. Ce chemin de ronde est très nettement indiqué aux plans du dernier siècle et il pénètre derrière la rue Fitz-James presque jusqu'à la Terrasse. On le reconnaît au plan de M. Grignard, bien que son amorce sur la rue Ste-Valérie se trouve alors obstruée. C'est lui qui a fourni l'emplacement des petites cours existant derrière quatre ou cinq des maisons du côté droit de la rue Viraclaud.

Nous venons de parler de la rue de la Rochette. Tel est en effet l'ancien et véritable nom de la portion de voie publique dont on a fait plus tard la place « Sainte Rochette » : cette «sainte» est d'invention très moderne et ne figure pas plus aux catalogues de l'Eglise qu'aux calendriers. Le Peyrou de Ste-Valérie est, comme nous l'avons dit, une désignation un peu vague. Il y avait là plusieurs parcelles appartenant à différents propriétaires ; parmi ces parcelles, on trouve mentionnée à un acte de 1523 (Terrier de la Communauté des prêtres de St-Michel) les « maisons et vergers de La Rochette. » Ils appartiennent alors à Jeannette, veuve Léonard Rochette. Peut-être le « charreyron de Jacques Roche », dont nous trouvons mention à un acte antérieur, passait-il par là. Toujours est-il qu'au dix-septième siècle, il y avait, en cet endroit, une petite chapelle et une image de la Vierge à laquelle beaucoup de personnes portaient une dévotion particulière. Une confrérie fut même fondée en son honneur dans l'église de St-Michel-des-Lions ; l'abbé Legros nous apprend que les associés célébraient leur fête le dimanche après l'octave de Notre-Dame d'août.

En 1651 et 1655, la « rue de la Rochette» est appelée aussi rue du Moulin-à-vent. Il a existé, en effet, pendant plusieurs siècles, dans le haut de la rue Viraclaud, un moulin à vent sur lequel nous ne possédons pas d'indications particulières, mais dont nous avons relaté la mention dans plus de vingt actes, du quinzième au dix-septième siècle. La plus ancienne de ces mentions remonte à 1451 et un document de l'hôpital signale, en 1605, « le moulin au vent, en la rue Sainte-Valérie. »

C'est surtout, semble-t-il, à la rue Malemanche qu'on a, aux seize et dix-septième siècle, donné le nom de *rue du Moulin-à-Vent*. Cette voie tenait sa plus ancienne dénomination du nom d'une famille qui figure à un assez grand nombre de documents. Dès le onzième siècle, Bernard *Malamancia* et Jean, son frère, nous sont connus par les textes de nos cartulaires limousins, de celui du monastère de Vigeois, notamment. A un nécrologe de la cathédrale, on lit le nom de Pierre de *Malamangu*, qui vivait au XIII°

ou au XIV° siècle. Pierre *Malamengas*, chanoine de St-Etienne, meurt vers 1418. Jean Malamange, aussi chanoine de la Cathédrale, possède, en 1373, une maison dans les jardins de Ste-Valérie, et la « maison appelée Mallemange », faisant le coin de la rue du Peyrou Ste-Valérie, est encore désignée dans des confrontations de 1605 et 1607. Il est parlé, dans plusieurs actes, des caves ou souterrains considérables qui existaient sous cette maison. — Les Mercier, orfèvres, habitaient la rue Malemanche dans les premières années du seizième siècle.

La première rue qu'on rencontre après la rue Ste-Valérie, se dirigeant de la grande rue des Combes vers le centre du quartier Viraclaud, est la rue Soretas. Cette rue, qui longe l'hôtel à tourelle construit dans la première moitié du XVII° siècle par les Petiot, dont plusieurs exercèrent successivement les fonctions de juge royal, est aujourd'hui, avec la rue Vigenaud, la mieux alignée de tout le réseau de cette région de la ville. On a jadis émis de singulières hypothèses sur l'étymologie de ce nom ; on a prétendu, notamment, que celui-ci venait du latin *sordes* et lui avait été donné à cause des ordures dont elle était semée. L'ancienne forme de cette dénomination n'autorise en aucune manière une telle opinion. Un acte de 1491 mentionne un charreyron (*carreyrolum*) appelé de *las|Soraretas* (peut-être *Sororetas*) et on trouve cette petite rue appelé au seizième siècle : de *Las Souretas*, de *Las Sorettas* — c'est-à-dire,

semble-t-il, des Sœurs, des petites Sœurs.
Des plans des archives de l'Intendance
la nomment aussi au dernier siècle
rue Chambalou ou Chanvalon. D'autres
titres la désignent sous le nom de rue
du Moulin-à-vent, et cette apellation
s'explique aisément, puisque cette voie
se dirigeait vers le palier de La Rochette,
comme Viraclaud et Malemanche. Les
moulins à vent ne furent jamais com-
muns dans nos pays et quelque modestes qu'aient été les proportions et le tra-
vail de l'engin établi du côté de La Rochette, il avait dû exciter dès son instal-
lation la curiosité et l'admiration de toute
la ville.

Une famille d'imagiers, c'est-à-dire de
sculpteurs, a longtemps habité cette rue,
les Masbouchier : Martial du Masbouchier, « faiseur d'images », est nommé
comme l'habitant en 1503 ; Jean du Masbouchier, imagier, en 1543.

Au-dessus de la rue Soretas débouche,
dans la rue des Combes, la rue Vigenaud,
la voie la plus droite et la plus large de
tout le quartier. Elle aurait presque l'air
d'une percée moderne, si le caniveau cen-
tral où se déversent toutes ses eaux ne
rappelait une disposition caractéristique
de l'ancienne voirie.

On ne trouve nulle part cette rue ainsi
dénommée avant le seizième siècle. Encore un nom de famille, celui-là : Jean
Vigenaud possède une maison dans la
rue des Combes avant 1369 et Marguerite

Vigenaud, veuve de Pierre Aureix, habite, en 1503, une maison de la même rue sur la droite en montant. En 1504, Jean Vigenau, boulanger, et la veuve de Guillaume Chapellat reconnaissent tenir de l'abbaye de Saint-Martial deux maisons à deux arceaux, contiguës l'une à l'autre et sises entre la grande rue des Combes et le « charreyron Vigenaud », par où l'on va de la dite grande rue des Combes à la rue du Moulin-à-vent. Le rôle de la taille de 1601 mentionne encore un Léonard Vigenaud dans ce canton.

La rue Vigenaud est appelée aussi, en 1573, au terrier des prêtres de St-Michel, « ruette Vincendon ». Une auberge fort connue, celle du *Lion d'or*, avait, au seizième siècle, sa façade sur cette rue.

Notre rue est souvent appelée, au 18e siècle, rue Pagnon, ruette Pagnon. Les registres consulaires mentionnent un procureur du Roi de ce nom, qui joua un rôle assez important à l'Hôtel-de-Ville. En 1601, un Paniont, conseiller, habite les Combes et figure au rôle de la taille.

La rue de la Chadre vient après la rue Vigenaud. On a prétendu que ce nom était tiré de *cathedra*, qui signifie chaise ou chaire. Le mot a été aussi employé dans le sens de socle, base, soubassement : c'est dans cette acception qu'on le prenait au Puy en Velai, où on donnait le nom de *chadeyrette* au socle ou au brancard d'argent massif offert par le roi Louis XI à la célèbre vierge du Puy, et qui était l'œuvre de l'orfèvre François Guibert, originaire de Limoges, fixé par un mariage dans la capitale du Velai.

Toutefois, l'ancienne forme du nom de cette rue est *Larchadre*. Bernard Larchadre, des Combes, se trouve mentionné à un acte de notaire de 1356, relevé au tome 336 de la collection Moreau, à la Bibliothèque nationale. La « ruette de Larchadre », le « Charreyron de Larchadre », sont nommés, en 1450 et en 1481, aux répertoires de La Pitancerie de Saint-Martial.

Cette famille tirait certainement son nom de la profession de cardeurs qu'avaient jadis exercée certains de ses membres : à un document de 1437, il est parlé d'une maison sise au charreyrou Meymy, dans les Combes, et qui appartient à la nommée La Cardeyris.

La forme : *Chardadre* que nous avons trouvée quelquefois, atteste d'une façon encore plus précise cette origine (de *Cardador*, *Chardedor*).

La dénomination de charreyron Meymy, qui a peut-être été donnée aux deux ruelles auxquelles confrontait un même immeuble, paraît avoir désigné plus spécialement la rue Pélisson, séparée par une distance de quelques mètres seulement de la précédente. A coup sûr cette dernière est la même que la rue *Bayleblat*. Au répertoire de la Pitancerie de St-Martial, on trouve mention, à la date du 18 mars 1503, vieux style, c'est-à-dire 1504, du charreyron Bayleblat, confrontant à la maison de Vincent Bayleblat. Les archives de l'abbaye de la Règle nous fournissent le nom d'Étienne Filhastre, dit Bayleblat, boulanger, qui habite dans les Combes au quinzième siècle ; les registres de St-Martial nomment à leur tour Bertrand Bayleblat en 1471 et mentionnent dès 1498 « la ruette de Bayleblat ».

Vers le même temps, cette voie est dénommée « rue Filhatre, autrement dite Baylablat ». C'est sous le nom de Bayleblat qu'est désignée, aux livres de Saint-Martial, toute l'île dans laquelle est comprise l'immeuble de cette famille. De Bayleblat on a fait, dès le quinzième siècle, Bel Eybat et Bel Esbat et on retrouve cette fantaisie orthographique jusqu'en 1793.

Il peut paraître assez singulier que les noms de Pélisson et de Bayleblat aient été donnés simultanément à la même rue ; mais le fait est bien établi : Au terrier *Baignolli* on trouve, en 1504, une mention ainsi conçue: «Charreyron Pélisson, dit Bayleblad. » Et plusieurs documents, entr'autres un registre de la Pitancerie un peu antérieur, dénomment ce charreyron : « Pelisso, *alias* (autrement dit) Bayleblad ». Toujours les noms des principaux propriétaires servent à désigner la rue où ils ont construit leurs immeubles ou dont ils ont vendu les emplacements. Dès la fin du quatorzième siècle, on trouve dans cette région Etienne de Farges dit *Pelisson* ; en 1415, il est parlé de sa veuve Guillemette, qui habite la rue des Combes, près le charreyron Meymy. Nous y voilà bien. En mars 1503, (1504), le charreyron est monté d'un degré dans la hiérarchie des voies publiques et on le trouve dénommé « rue Pélisson. » Le mot vient peut-être de la profession d'Etienne de Farges, qui a pu devoir son surnom au métier de corroyeur ou de pelletier ; mais à coup sûr les nomenclatures des rues de Limoges commettent une grosse erreur en affirmant que cette voie tient son nom de l'homme de lettres Paul Pellisson Fontanier, l'ami et le défenseur du surintendant Fouquet, exilé à Limoges pendant quelques mois. Pellisson, né en 1624, est absolument étranger à la dénomination d'une voie publique, qui, à cette époque, portait depuis au moins deux cents ans un nom semblable à celui de sa famille ; mais n'ayant avec celui-ci qu'un rapport tout fortuit.

La rue Beaupuy — *dau Pouyou* — fait suite à la rue Pélisson. Beaupuy est un des vieux noms de la topographie du Château de Limoges. On n'a pas de doute sur l'étymologie de cette dénomination-là. Nous sommes arrivés presqu'au sommet de la rampe qu'escaladent, comme deux colonnes d'assaut, la rue Viraclaud et la rue des Combes. Après le premier palier de la Rochette, voici le second. Avant que le quartier fût compris dans l'enceinte des fortifications, le regard pouvait s'étendre de là dans la direction de l'Est et on apercevait les côteaux qui bordent la rive gauche de la Vienne : de là le nom de Beaupny que portaient et la rue et la tour en face de laquelle elle débouchait. Les mentions de l'une et de l'autre sont nombreuses dès le quatorzième siècle. En 1391, la maison de Jean Chat, changeur, et de sa femme, Raymonde du Breuil, forme l'encoignure de la rue Beaupuy et du « sol des Combes ». L'immeuble est contigu à l'habitation de l'orfèvre Pierre Mercier.

La dernière voie du réseau dont nous avons successivement indiqué tous les fils, est la rue Vaulry. D'où vient ce nom ? On connaît une famille du nom de Voulreys, mais aucun acte ne nous l'a jusqu'ici montrée habitant ce quartier. Quoiqu'il en soit, la plus ancienne mention que nous ayons relevée de cette voie ne remonte pas au delà de 1384. La direction de la rue est dès lors bien constatée et elle est appelée *rua de Volris* ; on en trouve, l'an d'après, une autre mention en ces termes : *carreria vocata Volris.*

Nous n'avons aucune raison de croire que cette dénomination ait aucun rapport direct avec le bourg de Vaulry, canton de Nantiat, arrondissement de Bellac, dont l'église existait déjà à cette époque. — On rencontre dans les anciens actes peu de coufrontations se rapportant à la rue Vaulry, qui a toujours compté fort peu de maisons et qui aboutissait à l'étroit carrefour existant au devant de la porte Montmailler.

Le quartier Viraclaud touchait aux remparts, qui, de la porte Montmailler, construite vers le milieu du onzième siècle par Pierre Albert, abbé de Saint-Martial, à l'esplanade de la Terrasse, située à peu près en face de la maison Chamiot et de la Banque, décrivaient un grand arc de cercle autour de ce fouillis de ruelles et de petits chemins. Derrière la Terrasse commençaient, à proprement parler, les terrains du quartier qui fait l'objet de cette étude ; aussi l'esplanade même est-elle appelée, notamment en 1684, dans les répertoires des livres du Chapitre, la « Terrasse de Vielas Claux ».

Le nom le plus communément donné à cette esplanade était toutefois « Terrasse de la tour Branlant ». Elle s'étendait, en effet, entre cette tour, qui s'élevait presque au débouché de l'ancienne rue Sainte-Valérie, et une autre tour, celle de Beaucay (*Bel-Cayr*), ainsi peut-être appelée à cause de la dimension des matériaux employés à sa construction, (*de bellis quadris*), placée à peu de distance de l'Eperon Saint-Martin, vaste bastion de forme à peu près circulaire, qui avait été édifié au seizième siècle sur l'emplacement de la porte fortifiée de Mirebœuf, construite dès 1212.

Il est assez difficile de bien fixer l'identité des nombreuses tours qui flanquaient la ceinture de murailles de notre ville.

Elles changèrent souvent de nom, et parfois la même dénomination fut appliquée à plusieurs d'entr'elles. Des plans contemporains pourraient seuls nous tirer d'embarras ; or le premier plan sérieux et à peu près complet que l'on possède du Château de Limoges est celui du médecin Fayen, daté de 1594, c'est-à-dire d'une époque à laquelle nos vieilles fortifications avaient déjà été profondément modifiées. Quoiqu'il en soit, Fayen, qui n'était point le premier venu, (il méritait la notice que lui consacrait récemment notre excellent et savant ami Ludovic Drapeyron, et son nom ne devait pas être oublié par les municipaux qui ont pensé à l'illustre Charpentier et à l'immortel Jeanty Sarre), n'a pas figuré moins de quatre tours carrées entre la porte Montmailler et l'éperon de Saint-Martin. D'après M. Paul Ducourtieux, qui a étudié si consciencieusement et commenté avec tant de sagacité les anciens plans de notre ville, la première tour, en partant de l'éperon de St-Martin, serait Beaucay. Nous n'en sommes pas bien sûr ; mais enfin, c'est possible. — La seconde est Branlant : aucune incertitude à cet égard. Mais les deux autres ? M. Ducourtieux n'a pas trouvé leurs noms. Plus heureux que lui, nous pouvons donner celui de la tour la plus rapprochée de la porte Montmailler, qui s'appelait «de Beaupuy» et est mentionnée, comme nous l'avons déjà dit, à un certains nombre de textes. Quant à la quatrième, nous sommes réduit à n'en pas parler : car aucun document ne nous fournit même les éléments d'une conjecture sur son histoire et sur son nom.

La tour Amblard, sur l'emplacement de laquelle débouche aujourd'hui le prolongement de la rue du Général Cérez, naguère rue Ste-Valérie, avait été édifiée par l'abbé de ce nom, mort en 1143. On l'appelait aussi *Branlant* ; mais cette dénomination ne remonte pas au-delà du XVIe siècle. On la trouve rarement citée dans nos documents du moyen-âge. Elle était fort haute et fut, sans doute, une de celles dont M. de Vertillac fit en 1542 abattre le sommet, pour y établir une terrasse. En 1631, durant la grande peste apportée à Limoges par le maudit voyageur descendu aux *Trois Anges*, on installa dans cette tour un des postes sanitaires qui durent être créés. Dix-huit ans plus tard, on y enferma les prisonniers espagnols envoyés à Limoges. On voit que notre ville a depuis longtemps le privilège d'être un lieu d'internement pour nos voisins de la Péninsule pyrénéenne. Les prisonniers de Lens s'échappaient, au surplus, de la tour Branlant aussi aisément que nos hôtes de 1868 ou de 1875 savaient se soustraire à la surveillance de la police.—En 1712, M. d'Orsay fit égaliser les terrains qui s'étendaient en arrière des remparts et exécuter à l'aide des ateliers de charité, l'esplanade de la Terrasse, dont nous avons parlé plus haut. Il y fit placer une pyramide avec ses armes : D'où le nom de « Tour de la Puyramide » attribué par un acte de 1755 de nos registres consulaires à la tour placée entre l'Eperon de St-Martin et Branlant. et celui d'*Auberge de la Pyramide*, donné à une grande hôtellerie, bâtie vingt ans plus tard tout près de là par un certain Mazilier.

En 1784, le corps municipal décida que la *Terrasse* serait démolie, abaissée et remplacée par une place de niveau avec la place des Arbres, les terres devant être transportées un peu plus bas, à la Pépinière, pour égaliser le terrain et combler la dépression qui masquait encore l'emplacement des anciens étangs de St-Martin. Cette décision fut l'occasion d'un conflit assez singulier. Le Bureau des Finances, prétendant qu'on ne pouvait toucher sans sa permission aux terrains des fortifications, dépendant du Domaine royal, déclara qu'il s'opposait à l'exécution des travaux ; et comme l'Hôtel-de-ville passait outre, les trésoriers généraux firent arrêter et mettre en prison l'entrepreneur et ses ouvriers. La municipalité protesta aussitôt et porta plainte à l'Intendant. Les prisonniers furent mis en liberté. Mais un procès commença entre la ville et le Bureau. Il se termina à l'avantage de la première. Au mois de janvier 1786, la mairie donna une nouvelle adjudication : M. Alluaud eut l'entreprise, et la place Fitz-James fut peu après livrée à la circulation. Ce nom attribué à la place par une délibération du corps municipal, était celui du généreux gouverneur qui avait laissé à la ville, pour secourir les pauvres et aider l'administration dans les importants travaux de voirie alors projetés, la dispositron de la somme assez considérable pour le temps (1000 l. par an) à lui due pour in-

demnité de logement. Nous n'avons pas
ouï dire qu'aucun préfet, général ou autre, en ait, depuis lors, fait autant. Mais
peut-être l'avenir nous réserve-t-il la sur-
prise d'une aubaine de ce genre. Quand
M. l'adjoint Treich aura donné l'exemple
en fondant un hôpital avec les bénéfices
de ses fonctions et de ses commerces,
l'émulation gagnera ses collègues, et que
ne verrons nous pas alors ?

Pour en revenir à la tour Amblard ou
Branlant, disons qu'on avait achevé de la
démolir en 1774, lors de la construction
de l'auberge de la Pyramide, dont nos
contemporains ont pu voir les anciennes
écuries, remplacées aujourd'hui par l'hôtel des postes et télégraphes.

Nous disions plus haut que nous n'a-
vions pu découvrir le nom de la tour figu-
rant sur le plan de Fayen, entre celles de
Branlant et de Beaupuy. Peut-être y a-t-
il une erreur au plan du bon médecin —
on en relève bien d'autres — et cette
tour n'a-t-elle jamais existé. Peut-être
aussi ne faut-il voir, dans cette masse
carrée, qu'un contrefort plus large que
les autres ou qu'un petit bastion secon-
daire : L'emplacement peut-être du fa-
meux « moulin à vent », mentionné depuis le quinzième siècle et signalé au
commencement de cette étude ?

La tour de Beaupuy, *turris de Bello
Podio*, nous est connue par un acte des
archives de l'hôpital de 1372. La liève
de la confrérie *des Chandelles*, conservée

parmi les manuscrits de la bibliothèque
des Sulpiciens de Limoges, mentionné la
tor de Beu Puey en 1381. Même mention
et même orthographe à des titres de 1395
et de 1490, relevés dans les registres de
la Confrérie des Pauvres à vêtir. Nous
ne multiplierons pas ces citations;
mais nous constaterons que nous
ne savons rien de l'époque de la construction de cette tour. Elle s'élevait sur
l'emplacement de la maison qui a
longtemps appartenu à M. le président
Tixier La Chassagne,«le premier des premiers » — Ne semble-t-il pas bien éloi-
gné de nous le temps où le garde des
sceaux rendait ce beau témoignage au
chef de notre cour d'appel !) — et qui est
aujourd'hui la propriété de M. le docteur
Thouvenet. Lors des réparations et nou-
veaux aménagements exécutés il y a cinq
ou six ans par le propriétaire actuel, on
acheva de démolir un bloc de maçonnerie
assez considérable, qui obstruait encore
une partie du rez-de-chaussée. Le vaste
jardin en terrasse dépendant du même
immeuble a du reste été édifié en partie
sur le remblai constituant les terrasses de
la tour et de la courtine qui s'étendait
entre celle-ci et la porte Montmailler. On
sait que la démolition de cette dernière
commença en 1763. La mention la plus
récente que nous ayons relevée de la
portion des remparts qui nous occupe
provient des archives de l'Hôpital. A une
confrontation de 1655, il est parlé des
« murs et tours appelés de Beaupuy ».

Nous arrêterons ici notre étude. Nous

avons voulu parler de Viraclaud avant
que ce quartier, depuis si longtemps menacé, eût disparu. La chose est sans in-
convénient, ces quelques pages d'ar-
chéologie et d'histoire n'ayant nullement
le **caractère** d'un panégyrique... et nos
croquis rétrospectifs n'étant accompagnés
de l'expression d'aucun regret.

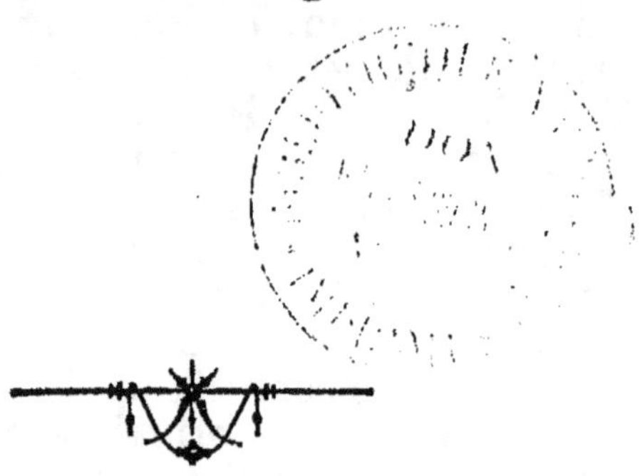

LIMOGES. — IMP. COMMERCIALE — PERRETTE

www.ingramcontent.com/pod-product-compliance
Lightning Source LLC
Chambersburg PA
CBHW061658050726
47598CB00004B/1618